Die Stadt und der Turm

Eine Geschichte aus dem Alten Testament

Erzählt von Susanne Brandt und
Klaus-Uwe Nommensen
mit Bildern von Petra Lefin

DON BOSCO

Die Menschen erinnern sich: Gott hat Himmel und Erde gemacht, Gott hat uns Menschen gemacht. Gott gibt uns alles, was wir zum Leben brauchen. Noch leben die Menschen in Zelten. Sie ziehen von Lagerplatz zu Lagerplatz. Wo sie hinkommen, werden sie

satt, finden Früchte und Wasser. Auch für ihre Tiere ist genug zum Fressen und Trinken da. Die Menschen verstehen sich gut. Was sie tun, das tun sie gemeinsam. So ziehen sie auch gemeinsam immer weiter Richtung Osten.

Eines Tages kommen sie in ein großes Tal. Dort ist die Erde besonders fruchtbar. Und so beschließen sie: Hier bleiben wir. Sie schlagen ihre Zelte auf, legen Felder und Gärten an und Weideplätze für ihre Tiere. Die Felder bringen viel Frucht. Da denken sie: Wir haben es geschafft. Hier geht es uns gut.

Hier können wir reich werden. Denn das alles hier gehört nun uns. An Gott aber denken sie dabei nur wenig. Sie vergessen: Auch dieses Tal, die fruchtbaren Felder, die Wasserquellen sind von Gott gemacht. Sie gehören Gott.

Und noch etwas haben sie inzwischen vergessen: Gott hat die ganze Erde für sie gemacht. Gott hat dafür gesorgt, dass sie überall Platz und Nahrung finden können. Sie aber schauen jetzt nur auf dieses kleine Stückchen Erde.

Bald fürchten sie, andere könnten kommen und ihnen von ihren Ernten und von ihren Tieren etwas wegnehmen. Immer größer wird die Angst, sie müssten anderen etwas abgeben von ihrem Land. Oder andere könnten sie sogar aus diesem Tal vertreiben. Sie wollen etwas tun, um sich und ihr Land davor zu schützen.

Wir könnten einen großen Zaun bauen“, sagen die einen. „Wir müssen enger zusammenrücken, alle an einer Stelle, dann können wir uns gegenseitig schützen“, schlagen andere vor. Und einige meinen: „Wir brauchen einen hohen Turm, dann sehen wir schon früh, ob andere kommen und uns bedrohen.“ Aber wie und woraus kann ein solcher Turm gebaut werden?

Plötzlich sind alle sich einig: „Wir wollen nicht länger in Zelten wohnen. Wenn wir hier bleiben, können wir uns etwas Festes bauen. Dann fühlen wir uns schon etwas sicherer.“ Und so fangen sie an zu forschen und zu probieren, wie denn solche Bauwerke entstehen könnten. Beim Graben entdecken einige eine schwarze zähe Masse. Damit lassen sich Dinge zusammenkleben. Sie nennen die Masse Asphalt. Und eines Tages geschieht es, dass ein Stück Erde ins Feuer fällt und am Ende hart wie ein Stein ist.

In Windeseile verbreitet sich die Nachricht von Zelt zu Zelt: „Das ist es: Wir müssen nur die Erde formen, dann brennen und können so Stein auf Stein setzen. Wir verkleben die Steine mit dem Asphalt. Das wird viele Menschenleben halten." Voller Stolz über ihre Entdeckung machen sie Pläne für ihre Häuser. Eine große Stadt soll entstehen. Und inmitten der Stadt der große Turm.

Sie stecken Grundstücke ab, bauen die ersten Häuser und bald wächst Stockwerk für Stockwerk auch der große Turm. Der wird bis an den Himmel reichen, freuen sich die Menschen. „So etwas gibt es noch nicht auf der ganzen Erde“, sagen sie. „Überall und zu allen Zeiten wird man von uns erzählen. Mit unserer Stadt und dem Turm machen wir uns einen großen Namen für alle Zeiten.“

Den Namen Gottes nehmen sie kaum noch in den Mund. Den haben sie in ihrer Begeisterung ganz und gar vergessen. Gespannt verfolgt Gott, was die Menschen dort in dem Tal tun.

Der Turm ist inzwischen höher und höher geworden. Doch je höher er wächst, desto schlechter verstehen sich die Menschen. Sie streiten jetzt oft miteinander: „Wir werden oben wohnen", verkünden die einen. „Nein, wir!", entgegnen die anderen. Und jemand droht: „Dann bauen wir noch ein Stockwerk obendrauf." Einige beginnen, den anderen aufzulauern, wenn sie ihre Ziegel nach oben tragen wollen. Sie nehmen ihnen die Steine weg, um selbst damit an die Spitze zu kommen.

Die Menschen werden immer misstrauischer den anderen gegenüber. Einige weigern sich, Ziegel und Asphalt zu schleppen. „Wir sind keine Ziegelträger“, behaupten sie. „Wenn ihr eure Ziegel nach oben haben wollt, dann tragt sie doch selber. Wir sind die Planer und Denker. Ihr aber müsst unsere Pläne ausführen.“
Bald herrscht nur noch Zank und Streit auf der Turmbaustelle. Die Menschen verstehen sich überhaupt nicht mehr.

Gott sieht sich dieses Treiben eine Weile an. Er wird traurig. Er hat doch den Menschen so viel zum Leben gegeben und vor allem so viel Platz auf der Erde. Und nun streiten sie sich um dieses kleine Fleckchen, bauen eine Stadt und einen Turm wie eine Burg zum Schutz gegen andere. Er beschließt: Dann soll es so sein, dass sie verschiedene Sprachen sprechen. Bei all der Arbeit in diesem einen Tal haben sie vergessen, was ich für sie und alle anderen Wesen geschaffen habe. Und sie sollen nicht mehr hier an einem Ort wohnen, sondern überall auf der Erde. So, wie ich es eigentlich gedacht habe.

Und so geschieht es: Nach und nach verlassen die Menschen das Tal und suchen sich einen neuen Platz zum Leben. Nach und nach fallen die Häuser, die Stadtmauer und der große Turm in sich zusammen.

Seither tragen die Stadt und der Turm einen Spottnamen. Überall, wo die Geschichte erzählt wird, ist daher von Babel die Rede: Das bedeutet Wirrwarr oder Unordnung.

1. Auflage 2009 / ISBN 978-3-7698-1764-5

Layout: ReclameBüro, München
Produktion: Don Bosco Druck & Design, Ensdorf